間違えても大丈夫!

爆笑体操&ゲーム50

楽しい体操インストラクター
斎藤道雄 著

黎明書房

はじめに

間違えを笑いに変える楽しい体操

この本は，シニアが楽しく体操をするための本です。
シニアだけでなく支援者もいっしょに，です。
（シニアおひとりさまにもご活用いただけます）

「体操がつまらない」
「楽しんで体操してもらえない」
「いっしょに体操をしてもらえない」

そんな悩みをかかえる介護現場のスタッフの方が少なくありません。

そこで，おすすめするのが，この言葉です。

「間違えても大丈夫」

これは，ボクが，体操をするときに必ず言う言葉です。
「間違えても大丈夫」
ボクがこう言うと，シニアの体の動きがよくなります。
なぜなら，「間違えてもいい」と思うと，気が楽になるからです。
気が楽になれば，思う存分体を動かせます。

「間違えてもいい」
この気持ちが，心と体を軽くします。

「先生が，間違えてもいいって言ってくれるからいい！」
実際に，そう言ってくださる方もたくさんいらっしゃいます。
「だから，みちお先生の体操に参加する」と。

「間違えても大丈夫」
これは，体操が楽しくなる最強ワードです。

さらにもうひとつ。
体操がぐんと楽しくなるツールがあります。
それは，間違えを笑いに変えてしまうことです。

たとえば，体操の見本を見せるとき。
ボクは，わざと，見本を間違えたりします。
ボクが間違えれば，「先生だってできない」空気になります。

「だったら，自分だって（間違えてもいい）」

と，ハードルが一段と下がります。

　この本には，そんな笑いのテクニックが満載です。
　本文中の「笑いのテクニック」には，間違えを笑いに変える具体例もたくさんあります。
　さらに，「コラム」では，実際の現場で，どうやったら笑いが起きるかを紹介しています。

　体操は，間違えても大丈夫。
　間違えは，笑いに変えて。
　さあ，楽しんで体操しましょう！

みちお先生の爆笑体操＆ゲーム 10の特長

1 笑いのテクニックが満載
間違えを笑いに変える体操のテクニックやシニアを笑顔にするテクニックが満載です。

2 シニアにウケる
シニアが楽しんでできる体操です。

3 参加者が増える
「体操が楽しいからまたやりたい」そう思う人が増えます。

4 あきずに長続きする
体操に参加するリピーターが増えます。

5 道具，準備一切不要
準備の手間なし。いつでも，どこでも，隙間時間に活用できます。

6 座ったままできる
イスに腰かけたまま，体操やゲームができます。

7 かんたんにできる
むずかしい動きはありません。シニアにかんたんにできる動作です。

8 脳を活性化する
見て，聞いて，考えて，頭を使う体操があります。

9 体操スキル，ゲームスキルがアップする
支援者がレクの技術と知識を習得できます。

10 ひとりでもできる
シニアおひとりさまからでもできます。

この本の使い方

① 各体操には「ねらいとききめ」があります。それを参考に，お好みの体操を選んでください。

↓

② むずかしいときは，みちお先生のケアポイントを読んで，レベルを下げたり，回数を減らしたりしてください。

↓

③ 何をしたらよいかわからないときは，朝，昼，夜におススメの体操をしてください。

朝の おススメ体操	**⑥ 忍法スーハーの術** ↓ **14 ページ**	
	お気に入りの体操記入欄	
昼の おススメ体操	**⑳ 超転倒予防体操** ↓ **28 ページ**	8歩
	お気に入りの体操記入欄	
夜の おススメ体操	**㉛ あともうひと伸び** ↓ **40 ページ**	
	お気に入りの体操記入欄	左右交互に3回ずつ

も く じ

はじめに　−間違えを笑いに変える楽しい体操−　2

みちお先生の爆笑体操＆ゲーム 10 の特長　4

この本の使い方　5

Ⅰ　爆笑ウォームアップ

1　誰にしようかな　9

2　ひざたたきみぎひだり　10

3　上げたら下げて　11

4　ピーポーペ　12

5　すいすい体操　13

6　忍法スーハーの術　14

7　超脱力体操　15

8　あいこでしょ　16

9　いかにもバレーボール　17

10　大振り小振り　18

Ⅱ　爆笑筋トレ体操

11　3 歩でガッツ　19

12　なんちゃって一本足　20

13　ヨイショ・コラショ・ドッコイショ　21

14　足じゃんけん歩き　22

15 おしくらまんじゅう　23

16 足ドンするしない　24

17 元気のグーパー　25

18 ガツモリポーズ　26

19 和太鼓体操　27

20 超転倒予防体操　28

コラム❶　間違えを誘って笑いにする　29

Ⅲ　爆笑脳トレ体操

21 トントンまーえ　30

22 トントンまるまる　31

23 かぶっちゃダメよ　32

24 ミラーマン　33

25 割らずにナイスキャッチ　34

26 パーチョキチェンジ　35

27 グーパーボイス　36

28 大ガニ股歩き　37

29 ニンゲンかるたとり　38

30 1・2の3で指伸ばし　39

Ⅳ　爆笑ストレッチ体操

31 あともうひと伸び　40

32 ピアニストのストレッチ　41

33 つま先伸ばしひねり　42

34 超伸ばして超ひらいて　43

35 役者じゃんけん　44

36 ひざダッコ　45

37 見返り美人　46

38 かかと押し出しひねり　47

39 一番いい顔体操　48

40 わしづかみ指体操　49

コラム❷　むずかしいことは笑いに変える　50

V　爆笑ゲーム

41 さんまじゃんけん　51

42 しりとりじゃんけん　52

43 チーム対抗じゃんけん　53

44 シンケン白刃取り　54

45 だるま落とし　55

46 ニッコリじゃんけん　56

47 みんなで早口言葉　57

48 もしかめニッコリ　58

49 わたしは誰でしょう　59

50 しりとりパス　60

おわりに　ー間違えを笑いに変えたらこうなったー　61

❶ 誰にしようかな

目と目をしっかりと見つめ合って，グーパーしましょう！

ねらいときめき　手先の器用さ維持　ドキドキする

楽しみかた

① 3，4人でします。全員でいっしょにグーパーします。
② 支援者は，誰かひとりを選んで，その人の目の前に行きます。
③ シニアは選ばれたら支援者の目を見てグーパーをします。支援者は同様にして，人をランダムに替えながら，グーパーを繰り返します。

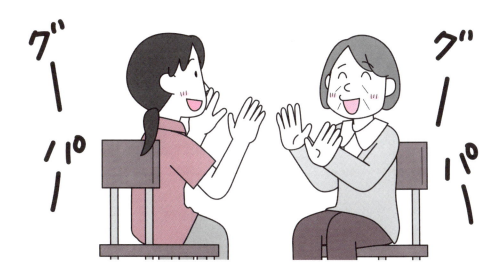

みちお先生のケアポイント

・「グー・パー」と声を出してすると，リズム感がよくなります！

笑いのテクニック

・その人の前に行く，と見せかけて隣の人に行く。などフェイントを入れると楽しさ倍増です！

❷ ひざたたきみぎひだり

左右のひざを交互にたたきましょう！

ねらいとききめ　血行促進　リズム体感

楽しみかた

① 足を肩幅にひらいて、両手をひざに置きます。
② 右手で右ひざを8回、左手で左ひざを8回たたきます。
③ 同様にして、4回ずつ、2回ずつ、1回ずつ、ひざをたたきます。最後に拍手を1回して終わります。

みちお先生のケアポイント

・「1・2・3・4・5・6・7・8」と声を出してかぞえながらすると、リズム感がよくなります！

笑いのテクニック

・3，4人ですると、にぎやかになって盛り上がります！

③ 上げたら下げて

支援者の合図で両手を上げたり下げたりしましょう！

ねらいとききめ　反応力アップ　肩の柔軟性維持

楽しみかた

① 支援者は，シニアと向かい合わせに座ります。
② 支援者が（両手の）手のひらを上にしたらシニアはひざに置きます。支援者が手のひらを下にしたらシニアは両手を上に上げます。（上げる合図で下げて，下げる合図で上げる）
③ 支援者はこの動作をランダムに繰り返します。

上げたら下げる

下げたら上げる

みちお先生のケアポイント

・手のひらを上にするときは，（10センチぐらい）上げる，手のひらを下にするときは（10センチぐらい）下げるように，両手を動かすとわかりやすいです！

笑いのテクニック

・手のひらを上にすると見せかけて下にしたり，これと反対の動作をしたりして，フェイントを混ぜると楽しくできます！

④ ピーポーペ

支援者の言葉を聞いてシニアはポーズをしましょう！

ねらいとききめ　反応力アップ　腕のストレッチ

楽しみかた

① 支援者が「ピー」と言ったら，シニアは左手を頭の上に置きます。
② 支援者が「ポー」と言ったら，シニアは右手を上げます。
③ 支援者が「ペ」と言ったら。シニアは左手で鼻の下をさわります。支援者は「ピー」「ポー」「ペ」をランダムに繰り返します。

みちお先生のケアポイント

・はじめは，ゆっくりと，繰り返し動作しましょう！

笑いのテクニック

・「ピー・ポー・ピー・ポー・ピー・ポー・ペ」など，同じ動作を繰り返して，最後に「ペ」を持ってくると，思わず笑ってしまいます。

⑤ すいすい体操

気持ちよくスケートで滑るマネをしましょう！

ねらいとききめ　バランス感覚アップ

楽しみかた

① 氷上でスケートをしているところをイメージします。
② 両腕を横に伸ばして片足を上げます。元に戻して反対の足も同様にします。
③ 気分よくできたら最高です！　左右交互に4回ずつします。

左右交互に4回ずつ

みちお先生のケアポイント

・ゆっくりとていねいに時間をかけて動作しましょう！

笑いのテクニック

・フィニッシュで決めポーズをして終わると楽しいです！

❻ 忍法スーハーの術

合掌して，オーバーアクションで深呼吸しましょう！

ねらい と ききめ　リラックス　胸のストレッチ

楽しみかた

① 静かに目をとじて，合掌します。
② 胸を張って，鼻から息を吸い込みます。
③ 口をあけて「ハ～」と声を出して息を吐き出します。一休みして，4回繰り返します。

4回繰り返す

みちお先生のケアポイント

・息を吸い込む動作，息を吐き出す動作を，オーバーアクションでしましょう！

笑いのテクニック

・最後に，目をあけたら，自分の中で一番いい顔をしましょう！

❼ 超脱力体操

肩，腕，首の力を抜いて深呼吸しましょう！

ねらい と ききめ　リラックス

楽しみかた

① 両腕を下に伸ばして，肩と腕の力を抜きます。
② 頭を下げて，首の力を抜きます。
③ 一休みして，4回繰り返します。深呼吸をして終わります。

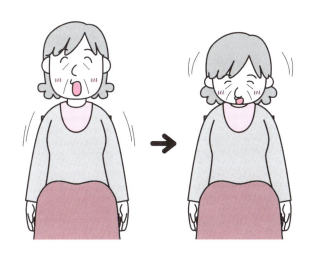

4回繰り返す

みちお先生のケアポイント

・①のときに，息を吐くとじょうずに脱力できます！

笑いのテクニック

・最後に，ニッコリして終わると，楽しいです！

⑧ あいこでしょ

あいこが出るようにじゃんけんしましょう！

ねらい と ききめ　手先の器用さ維持　声を出す

楽しみかた

① 支援者はシニアと向かい合わせに座ります。
② 目と目を見つめ合ってから，1回うなずいて，じゃんけんをします。
③ 同じもの（あいこ）が出たら，大成功です！

みちお先生のケアポイント

・ふたりでいっしょに「じゃんけんぽい」と元気に声を出してしましょう！

笑いのテクニック

・大成功したら，ハイタッチをして，よろこびを分かち合うと盛り上がります！

⑨ いかにもバレーボール

円になってバレーボールをトスするマネをしましょう！

ねらい と きめ　　反応力アップ　　手先の器用さ維持

楽しみかた

① 3，4人で円になります。
② 誰かひとりが，「○○さん」とほかの誰かの名前を呼んで，バレーボールをトスする動作をします。
③ 名前を呼ばれた人は「はい」と返事をして，同様にします。この動作をランダムに繰り返します。

みちお先生のケアポイント

・名前を呼ぶのがむずかしいときは，「はい」と言いながらトスしてもオッケーです！

笑いのテクニック

・オーバーハンドパス（上からのパス）のほかにも，アンダーハンドパス（手を組んで下からのパス）を混ぜると，より楽しくできます！

⑩ 大振り小振り

両手をつなぐマネをして，腕を大きく回しましょう！

ねらい
とききめ　　反応力アップ　　肩の柔軟性維持

楽しみかた

① （支援者を含む）3，4人で円になり，全員で手をつなぐマネをします。
② 支援者は，つないだ手を前後に小さく振ったり，大きく振ったり，前から後ろへ回したり，反対に回したりします。
③ 全員で支援者のマネをします。

みちお先生のケアポイント

・小さい動作からはじめて，徐々に大きな動作にしましょう！

笑いのテクニック

・「靴が鳴る」「夕焼け小焼け」など，歌いながらすると盛り上がります！

⑪ 3歩でガッツ

3歩足ぶみして,ガッツポーズをしましょう！

ねらい
とききめ　足腰強化　握力維持

楽しみかた

① 胸を張って,両手を前後に振って,足ぶみを3歩します。
② 両手をグーにして,力一杯ガッツポーズをします。
③ 一休みして,4回繰り返します。

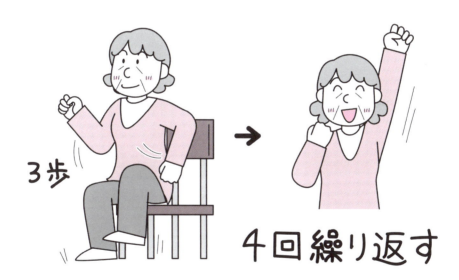

みちお先生のケアポイント

・①のときに,「いち・にい・さん」と声を出してすると,リズム感がよくなります！

笑いのテクニック

・②のときに,自分の中で一番いい顔をしてすると楽しいです！

⑫ なんちゃって一本足

かかとを上げて片足立ちのマネをしましょう！

ねらいとききめ　足首の柔軟性維持　バランス力アップ

楽しみかた

① 足をとじて，両腕を横に伸ばします。
② （つま先をつけたままで）片方の足のかかとを，ゆっくりと持ち上げます。
③ 元に戻して，反対の足も同様にします。左右交互に2回ずつします。

左右交互に2回ずつ

みちお先生のケアポイント

・かかとが低いとかんたん，かかとが高いとむずかしい，体力に合わせてどうぞ！

笑いのテクニック

・いかにもバランスをキープするかのように，上体を左右に傾けても楽しいです！

⓭ ヨイショ・コラショ・ドッコイショ

「ヨイショ」の掛け声に合わせて，足ぶみをしましょう！

ねらい とききめ　足腰強化　声を出す

楽しみかた

① シニアと支援者がいっしょに足ぶみをします。
② 支援者が「ヨイショ」と言ったら，シニアも「ヨイショ」と言って足踏みをします。
③ 支援者は，「ヨイショ」「コラショ」「ドッコイショ」をランダムに繰り返します。

みちお先生のケアポイント

・支援者が元気な声を出すと，シニアの動作も元気になります！

笑いのテクニック
・「ワクワク」「ドキドキ」「モリモリ」など，違うことばを混ぜると，あきずに楽しくできます！

⑭ 足じゃんけん歩き

足でじゃんけんをして，そのままで足ぶみしましょう！

ねらい
とききめ　足腰強化

楽しみかた

① 支援者はシニアと足でじゃんけんをします。
② グーは足をとじる，パーは足をひらく，チョキは片足を一歩前に出します。
③ 負けたら足踏みをします。グーで負けたらグーのまま（足をとじたまま）で8歩足ぶみします。パーで負けたらパーのまま，チョキで負けたらチョキのままで同様にします。

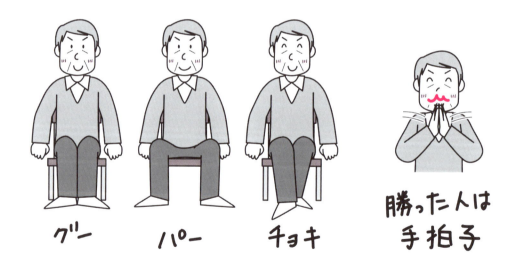

みちお先生のケアポイント

・はじめに，足の動作を繰り返して覚えましょう！

笑いのテクニック
・勝った人は，手拍子で応援をすると盛り上がります！

⑮ おしくらまんじゅう

ふたりで押したり押されたりするマネをしましょう！

ねらい と ききめ　バランス感覚アップ

楽しみかた

① 支援者はシニアと向かい合わせになります。
② 片足を前に出して肩を前に押し出します。支援者が押したらシニアは押される，反対にシニアが押したら支援者は押される動作をします。
③ 押したり押されたり，楽しんでどうぞ！

みちお先生のケアポイント

・椅子に浅く腰かけてすると動作がしやすいです！

笑いのテクニック

・わざと，ふたりで同時に押し合う動作をしたり，ふたりで同時に押された動作をしても，おかしくて笑えます！

⓰ 足ドンするしない

足ぶみしたり，しなかったり，支援者をよく見て足ぶみしましょう！

ねらい と ききめ　足腰強化　集中力アップ

楽しみかた

① 支援者は，シニアといっしょに足ぶみをします。
② 腕を前後に振って，「ドン・ドン」と足音がするくらいに力強く動作します。
③ 支援者は，ときどき，足をおろすと見せかけておろさないフェイント動作を入れます。間違えたら笑って，どうぞ！

みちお先生のケアポイント

・胸を張って，元気よく腕を振ってしましょう！

笑いのテクニック

・ゆっくりしたり，速くしたり，足ぶみのテンポを変えてすると楽しくなります！

⑰ 元気のグーパー

「げ・ん・き」と声を出しながらグーパーしましょう！

ねらいとききめ　腕のストレッチ　肩の柔軟性維持

楽しみかた

① 胸の前で両手をグーにします。
② 「げ・ん・き」と声を出しながら，両腕を上に伸ばして両手をパーにします。
③ 3回繰り返して一休みします。同様に4セットします。

みちお先生のケアポイント

・パーで全部の指をいっぱいにひらいてすると運動効果がアップします。

笑いのテクニック

・3，4人で同時にすると，雰囲気が盛り上がります！

⑱ ガツモリポーズ

ガッツポーズをしたりモリモリポーズをしたりしましょう！

ねらいとききめ　握力維持　声を出す

楽しみかた

① 支援者は「元気」と言いながら，ガッツポーズをします。
② シニアは「モリモリ」と言いながら，モリモリポーズをします。
③ 元気な声が出たら最高です。一休みして，4回繰り返します。

みちお先生のケアポイント

・むずかしいときは，支援者とシニアで同時に動作しても（支援者のマネをしても）オッケーです！

笑いのテクニック

・支援者が，わざと弱く小さな声にしたり，強く大きな声にしたり，声に強弱をつけても楽しいです！

⑲ 和太鼓体操

太鼓の音に合わせて太鼓をたたく動作をしましょう！

ねらいとききめ　反応力アップ　握力維持

楽しみかた

① 支援者は,「ドン！」「ドドン！」「ドドド……」と太鼓の音のマネをします。
② 「ドン！」と言ったら1回,「ドドン！」と言ったら2回,「ドドド……」と言ったら連打。シニアは両手にバチを持って,和太鼓をたたくマネをします。
③ 支援者は3つの音をランダムに繰り返します。

みちお先生のケアポイント

・シニアは,足を肩幅にひらいて,胸を張ってすると上体が安定します。

笑いのテクニック
・「ドドド……,ドン！」や「ドドド……,ドドン！」など,太鼓の音を組み合わせると楽しくできます！

⑳ 超転倒予防体操

床をわしづかみするつもりで，足指を曲げて足ぶみしましょう！

ねらいとききめ　足指強化　転倒予防

楽しみかた

① 胸を張って，腕を前後に振って，足ぶみをします。
② 床をわしづかみするような感じで，足指を曲げて足ぶみをします。
③ 8歩で一休みして，4回繰り返します。

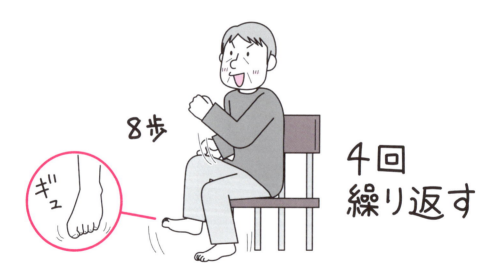

みちお先生のケアポイント

・足指に意識を集中して，ゆっくりとていねいに動作しましょう！

笑いのテクニック

・「いち，にい，さん，しい……」と，元気にかずをかぞえてすると，楽しくできます！

コラム❶

間違えを誘って笑いにする

「エイ・エイ・オー」

ボクは体操でこれをします。
声を出して，こぶしを振り上げるだけ。
とてもかんたんです。
これをすると，一発で元気が出ます。

でも，それだけだとつまらない。
なので，ボクはこうします。

「エイ・エイ」のあとに，こぶしを振り上げる。
　と，見せかけておいて，気をつけをします。
　すると，笑いが起きます。

こぶしを振り上げてしまった人は？
慌てて手をおろします。
なかには「だまされた〜」と言って，笑ってる人もいます。

元気よく，勢いよく，いかにもするように見せかけて，しない。
これがコツです。

すると見せかけて，しない。
そんなフェイント動作が笑いになります。

㉑ トントンまーえ

手をたたいて，両手を前，上，横，ひざへ動かしましょう！

ねらい と きき め　　反応力アップ　　リズム体感

楽しみかた

① 支援者は「トントンまーえ」と言いながら，手を2回たたいて，両腕を前に伸ばします。シニアはそれをマネします。
② 同様にして，「トントンうーえ」は両腕を上に伸ばす。「トントンよーこ」は両腕を横に伸ばす。「トントンひーざ」は両手をひざに置きます。
③ これをランダムに繰り返します。

みちお先生のケアポイント

・はじめはゆっくりと，慣れてきたら，徐々にテンポアップしましょう！

笑いのテクニック

・支援者は，「トントンまーえ」と言いながら，両腕を上に上げたりして，違う動作をすることで，混乱して楽しくなります！

㉒ トントンまるまる

片手でひざをたたきながら，反対の手で円を描きましょう！

ねらい とききめ 　肩の柔軟性維持　　巧緻性アップ

楽しみかた

① 足を肩幅にひらいて，胸を張ります。
② 「トントンまるまる」と声を出しながら，片手はひざをたたき，同時に反対の手は体の前で大きく円を描き続けます。
③ 「トントンまるまる」と3回繰り返す間，この動作を続けます。同様に，左右の手を替えてします。

みちお先生のケアポイント

・②のときに，手だけでなく腕を動かすようにすると運動効果アップです！

笑いのテクニック

・支援者が「反対」と言ったら，シニアが手を入れ替えます。混乱して笑いになります！

23 かぶっちゃダメよ

シニアは支援者とかぶらないようにポーズをしましょう！

ねらい と ききめ　リズム体感　反応力アップ

楽しみかた

① 支援者とシニアは「パン・パン」と手を2回たたきます。
② そのあとで，支援者は，❶腕組み，❷両手を腰，❸両手を頭，のいずれかのポーズをします。
③ 支援者が腕組みをしたら，シニアはそれ以外のポーズ（両手を腰，または両手を頭）をします。支援者は3つのポーズをランダムに繰り返します。

みちお先生のケアポイント

・支援者は，はじめはゆっくりと，慣れてきたら徐々にテンポアップするようにしましょう！

笑いのテクニック

・両手を頭と見せかけて両手を腰のように，フェイントの動作をときどき混ぜると楽しいです！

24 ミラーマン

鏡に映ったように、そっくりそのまま動作をマネしましょう！

ねらいとききめ　反応力アップ　肩の柔軟性維持

楽しみかた

① 支援者は、シニアと向かい合わせに座ります。
② 支援者が右手を上げたらシニアは左手を、左手を上げたら右手を、バンザイしたらバンザイを、（鏡に映ったときのようにして）マネします。
③ 間違えずに、マネできたら大成功です！

みちお先生のケアポイント

・支援者は、ゆっくりと大きな動作をすると、運動効果がアップします！

笑いのテクニック

・慣れてきたら、モリモリポーズをしたり、人差し指をほっぺにつけたり、おもしろい動作を入れると盛り上がります！

㉕ 割らずにナイスキャッチ

ふたりでたまごを投げたり捕ったりしているマネをしましょう！

ねらいとききめ イメージ力アップ　手先の器用さ維持

楽しみかた

① 支援者は，両手の中にたまごがあるようなマネをします。
② そのたまごを，両手で下からシニアにパスします。
③ シニアはたまごを割らないように両手でそうっとキャッチします。同様にして，シニアは支援者にパスして，たまごのキャッチボールを繰り返します。

みちお先生のケアポイント

・パスするときに，「はいっ」とか「それっ」とか声を出すと，よりリアルにできます。

笑いのテクニック

・途中で「たまごを落として割っちゃった」みたいな演技を入れても笑えます！

26 パーチョキチェンジ

両手グーから片手はパーで反対の手はチョキにチェンジしましょう！

ねらい と ききめ　手先の器用さ維持

楽しみかた

① 両手をグーにします。
② 右手をチョキ，左手をパーにします。
③ 元に戻して（両手をグーにして），右手をパー，左手をチョキにします。この動作を繰り返します。

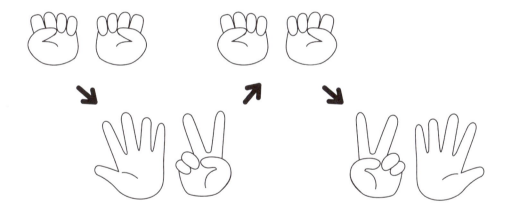

みちお先生のケアポイント

・むずかしいときは，両手同時にせずに，片手ずつ動作してもオッケーです！

笑いのテクニック

・支援者が，間違えて（または，わざと間違えて）笑いを誘うのもありです！

27 グーパーボイス

支援者の声の調子に合わせて、シニアはグーパーをしましょう！

ねらいとききめ 　反応力アップ　握力アップ

楽しみかた

① 支援者は「グー・パー」と声を出して、シニアは両手でグーパーの動作をします。
② 支援者は、「グー・パー」のほかに、「グーーー・パーーー」とゆっくり言ったり、「グッ・パッ」と速く言ったりします。
③ ふつう、速く、ゆっくり、テンポを変えながらランダムに繰り返します。支援者の声に合わせて、シニアは動作しましょう！

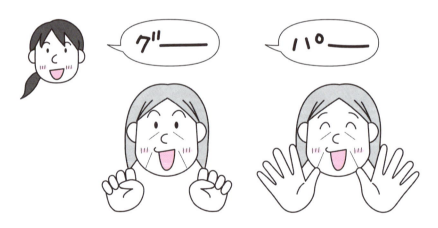

みちお先生のケアポイント

・むずかしいときは、支援者もいっしょに手を動かしてもオッケーです！

笑いのテクニック

・「グー・チョキ」や「グー・グー」など、ときどき、想定外の動作を入れても楽しいです！

28 大ガニ股歩き

胸を張って，足をひらいて，足ぶみをしましょう！

ねらいときめき　足腰強化　股関節(こかんせつ)の柔軟性維持

楽しみかた

① 足を肩幅より広くひらきます。
② 胸を張って，ひざを高く上げて，足ぶみをします。
③ 8歩で一休み。4回繰り返します。

みちお先生のケアポイント

・声を出してかずをかぞえてすると，リズム感がよくなります！

笑いのテクニック

・自分の中で一番いい顔をして足ぶみすると楽しいです！

㉙ ニンゲンかるたとり

頭や肩など体の部位を使って，かるたとりをしましょう！

ねらい・ときめき　記憶力維持　肩の柔軟性維持

楽しみかた

① 3, 4人でします。
② 頭を1，左肩を2，右肩を3，左足を4，右足を5，と番号をつけます。
③ 支援者は，1～5のいずれかの番号を言い，シニアは（自分の体の）その番号の場所をすばやくタッチします。ランダムに繰り返します。

みちお先生のケアポイント

・むずかしいときは，左肩を1，右肩を2として，2つに減らしてもオッケーです！

笑いのテクニック

・支援者は，「1」と言いながら肩をタッチしたり，わざとほかの場所をタッチすると，混乱して笑えます！

30 1・2の3で指伸ばし

「1・2の3」の声に合わせて、指を伸ばしましょう！

ねらい とききめ　手先の器用さ維持　声を出す

楽しみかた

① 「1・2の3」と言いながら、（両手の指を）1本、2本、3本と伸ばします。
② 「2の4の5」と言いながら、（両手の指を）2本、4本、5本と伸ばします。
③ これができたら、①と②を連続でします。「1・2の3, 2の4の5」と元気に声を出してどうぞ！

みちお先生のケアポイント

・はじめはゆっくりとていねいに。慣れてきたら、徐々にテンポアップしましょう！

笑いのテクニック

・「1・2の3, 2の4の5」のあとに、「3・1・2の4の2の4の5」と、むずかしくして、うまくできないのも笑いになります！

31 あともうひと伸び

片腕を上に伸ばして，さらにもうひと伸びしましょう！

ねらい
とききめ　腕と体側のストレッチ

楽しみかた

① 足を肩幅にひらいて，胸を張ります。
② 右腕を上に伸ばして，右手をパーにします。
③ そこから，（右腕を）もうひと伸びします。一休みして，左右交互に3回ずつします。

左右交互に3回ずつ

みちお先生のケアポイント

・あまり力まないように。肩の力を抜いてリラックスしてどうぞ！

笑いのテクニック
・最後に，深呼吸をして，ニッコリ笑うと楽しいです！

32 ピアニストのストレッチ

両手の指を全開にして，指を反らしましょう！

ねらい
ときゝめ　　指のストレッチ　　手先の器用さ維持

楽しみかた

① 両腕を前に伸ばして，（手のひらを下にして）両手をパーにします。
② できる限り，全部の指をいっぱいにひらいて，指を反らします。
③ 一休みして，4回繰り返します。

4回繰り返す

みちお先生のケアポイント

・とくに，親指と小指をひらくように意識しましょう！

笑いのテクニック
・最後に，いかにもそれらしくピアノを弾くフリをしてみましょう！

33 つま先伸ばしひねり

つま先を伸ばして,足を内側にひねりましょう!

ねらい
とききめ　足首のストレッチ

楽しみかた

① 片足を前に伸ばして,つま先を伸ばします。
② 足の親指を床に近づけるようにして,足を内側にひねります。
③ 元に戻して,反対の足も同様にします。左右交互に2回ずつします。

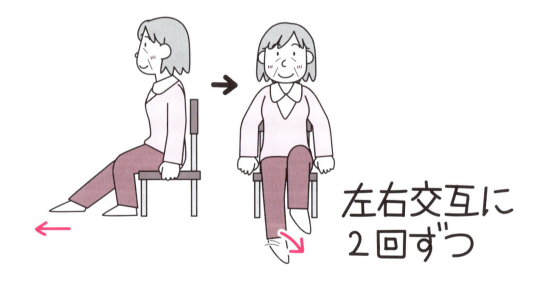

みちお先生のケアポイント

・むずかしいときは,つま先を伸ばすだけ(ひねらなくても)でもオッケーです。

笑いのテクニック

・ニッコリ笑ってすると楽しいです!

34 超伸ばして超ひらいて

できる限り人差し指と中指を伸ばしていっぱいにひらきましょう！

ねらいとききめ 手先の器用さ維持 指のストレッチ

楽しみかた

① グーにした片手を前に出して，人差し指と中指を伸ばします。
② できる限り人差し指と中指をひらきます。
③ 元に戻して，反対の手も同様にします。（左右4回ずつ）

左右4回ずつ

みちお先生のケアポイント

・指先まで意識を集中しましょう！

笑いのテクニック

・②のときに，ニッコリ笑うと楽しいです！

35 役者じゃんけん

怒り顔，驚きの顔，ひょっとこの顔など，顔の表情でじゃんけんしましょう！

| ねらい |
| とぎとめ |

（顔の体操）

楽しみかた

① 支援者はシニアと顔の表情でじゃんけんをします。
② グーは口をとじて怒った顔。チョキは口をとがらせてひょっとこの顔。パーは口を大きくあけて驚いた顔をします。
③ にらめっこする感じで，表情を楽しんでどうぞ！

グー　　　チョキ　　　パー

みちお先生のケアポイント

・はじめに，一つひとつの表情をゆっくりと時間をかけて覚えましょう！

笑いのテクニック

・思い切って，手足も動かして，オーバーアクションですると盛り上がります！

36 ひざダッコ

ひざを曲げて，両手でひざをかかえましょう！

ねらい ときめ バランス力アップ　股関節の柔軟性維持

楽しみかた

① 足をとじて，背筋を伸ばします。
② どちらか片方のひざを曲げて，両手でひざをかかえます。
③ 元に戻して，反対の足も同様にします。左右交互に2回ずつします。

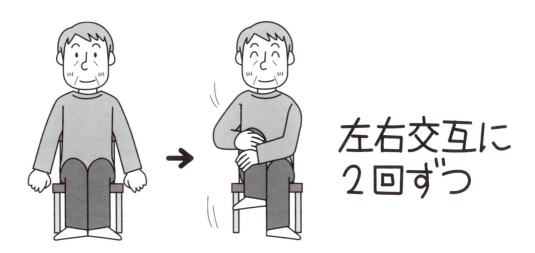

みちお先生のケアポイント

・むずかしいときは，両手でひざ裏をかかえてもオッケーです!!

笑いのテクニック

・ニッコリ笑ってすると，楽しいです！

Ⅳ　爆笑ストレッチ体操

37 見返り美人

腕を上に伸ばして，後ろを振り返るように上体をひねりましょう！

ねらい と きき め　体側のストレッチ

楽しみかた

① 足を肩幅にひらいて，胸を張ります。
② 右腕を上に伸ばして，（後ろを振り返るようにして）上体を右にひねります。
③ 元に戻して，一休みします。反対側も同様（左腕を上に伸ばして上体を左にひねる）にします。（左右3回ずつ）

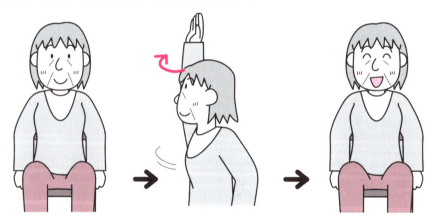

左右交互に3回ずつ

みちお先生のケアポイント

・無理をしないように。できる範囲で動作しましょう！

笑いのテクニック

・振り向いたときに，ニッコリ笑ってすると楽しいです！

38 かかと押し出しひねり

かかとを前に押し出しながら，足を外側にひねりましょう！

ねらい と ききめ 　内転筋のストレッチ

楽しみかた

① 片足を前に伸ばして，かかとを遠くへ押し出すようにして足首を曲げます。
② 足の小指を床に近づけるようにして，足を外側にひねります。
③ 元に戻して，反対の足も同様にします。左右交互に2回ずつします。

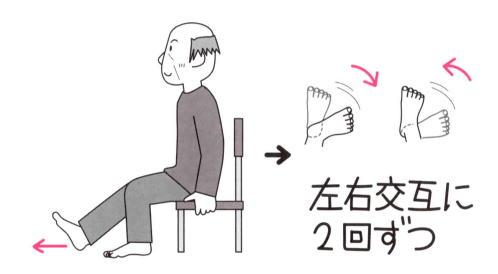

みちお先生のケアポイント

・椅子に浅く腰かけてすると，動作がしやすくなります。

笑いのテクニック

・最後にガッツポーズをして終わると楽しいです！

Ⅳ 爆笑ストレッチ体操

㉙ 一番いい顔体操

首を回して，一番いい顔をしましょう！

ねらい ときめき　首のストレッチ

楽しみかた

① 胸を張って，両手を腰に置きます。
② 首を左から右にゆっくりとていねいに回します。
③ 反対側も同様にします。最後に自分の中で一番いい顔をします。4回繰り返します。

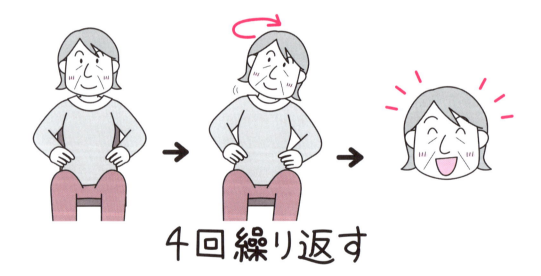

4回繰り返す

みちお先生のケアポイント

・急がないように。そうっと静かに首を動かすように意識しましょう！

笑いのテクニック

・一番いい顔をするときに，ガッツポーズをしても楽しいです！

㊵ わしづかみ指体操

わしづかみするように，指の関節を曲げましょう！

| ねらい とぎめ | 手先の器用さ維持 |

楽しみかた

① 両手を胸の前でパーにします。
② 全部の指をいっぱいにひらいて，わしづかみするように，指を曲げます。
③ 一休みして，4回繰り返します。

4回繰り返す

みちお先生のケアポイント

・全部の指の関節を曲げるように意識を集中しましょう！

笑いのテクニック
・「ニャー」とか「ガオー」とか声を出しながらしても笑えます！

コラム❷

むずかしいことは笑いに変える

背中で両手の指先をつける。
片方の手は上から，もう片方の手は下から。
どうですか。届きましたか。

もちろん，シニアの方々も，なかなかできません。
むずかしいからやらない？
ボクには，そんな選択肢はありません。
むずかしいからしない，のではなく，むずかしいことは笑いに変えてします。

たとえば。
　まず，（きちんとやるかのように）マジメな顔をして背筋を伸ばします。
　両手を後ろに回して，手と手を合わせます。
　そして，背中を見せると……。
　ぜんっぜん，届いてない！
　するとシニアから笑いが起きます。

「先生，届いてないよ」
とツッコミが入りそうです。

「先生ができないんだから，自分にもできない」
そう思ってもらえたら，大成功！
だって，できるできないは関係ないですから。

「シニアにむずかしいことをしてもいいんですか？」
そう聞かれることがあります。

むずかしいことは笑いに変えて，楽しんでしましょう！
自分が率先して，できない見本を見せましょう！

㊶ さんまじゃんけん

3連勝を目指してじゃんけんしましょう！

ねらい とききめ 記憶力維持

楽しみかた

① 支援者とシニアでじゃんけんをします。
② 先に3連勝した人が勝ちです。途中で負けたら，またはじめからやり直します。（2連勝のあと負けたら，また0からスタート）
③ （「じゃんけんぽい」の代わりに）「さ・ん・ま」と，声を出してどうぞ！

みちお先生のケアポイント

・むずかしいときは，3連勝ではなく，「先に3勝した人が勝ち」としてもオッケーです！

笑いのテクニック

・先に4連勝したら勝ち，または先に5連勝したら勝ち，としても楽しいです！

42 しりとりじゃんけん

じゃんけんをして負けたらしりとりを続けましょう！

ねらいとききめ　記憶力維持　手先の器用さ維持

楽しみかた

① 支援者とシニア（ふたり）でじゃんけんをします。
② 負けた人は，しりとりの言葉をひとつ言います。
③ じゃんけんをして，同様にして繰り返します。

みちお先生のケアポイント

・むずかしいときは，じゃんけんなしでしてもオッケーです！

笑いのテクニック

・テンポよく，どんどんじゃんけんをすると盛り上がります！

㊸ チーム対抗じゃんけん

何を出すか全員で相談してじゃんけんしましょう！

ねらい
とききめ　　話す，相談する

楽しみかた

① 1チーム2，3人。2チーム対抗でじゃんけんをします。
② 「何を出すか」は，チームのメンバーで話し合って決めます。
③ 勝敗はじゃんけんと同じようにして決めます。

みちお先生のケアポイント

・相手にわからないようにじょうずに話し合いましょう！

笑いのテクニック

・「じゃんけんぽい！」全員で一斉に声を出してじゃんけんすると盛り上がります！

Ⅴ　爆笑ゲーム

(44) シンケン白刃取り

支援者が手を振り下ろしたタイミングで手をたたきましょう！

ねらいとききめ　手先の器用さ維持　集中力アップ

楽しみかた

① 支援者はシニアと向かい合わせに座ります。
② シニアは両手を胸の前で構えます。支援者は片手を上から下へ（手刀のように）振り下ろします。
③ シニアは（白刃取りのようにして）手をたたきます。ばっちりタイミングが合えば大成功です！

みちお先生のケアポイント

・はじめは，シニアが手をたたきやすいように，ゆっくりとやさしいタイミングでしましょう！

笑いのテクニック

・手刀を振り下ろす。と見せかけて振り下ろさないなど，フェイント動作を混ぜると混乱して楽しくできます！

45 だるま落とし

片手を重ね合わせて、下の手を上に。続けてどんどん繰り返しましょう！

ねらい とききめ 　反応力アップ　腕のストレッチ

楽しみかた

① 3，4人で円になります。片手を前に出して，手を重ねるマネをします。
② 一番下の人は，一番下の手を（下から上に）一番上に移動します。
③ 一番下になった人は，同様にして繰り返します。10回できたら大成功です！

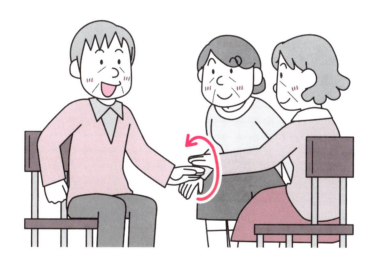

みちお先生のケアポイント

・徐々に手の位置が高くなるので，全体的に下げながらするのがコツです！

笑いのテクニック

・「1，2，3……」と全員で声を出してすると盛り上がります！

46 ニッコリじゃんけん

あいこが出たらニッコリ笑いましょう！

ねらい と ききめ　手先の器用さ維持　笑顔になる

楽しみかた

① 支援者はシニアと，じゃんけんをします。
② あいこが出たら，ふたりでニッコリ笑います。
③ あいこが3回出たら（3回ニッコリしたら）おしまいです！

みちお先生のケアポイント

・笑顔がむずかしいときは，口を横にひらくだけでもオッケーです！

笑いのテクニック
・目と目を見つめ合ってニッコリ笑うと楽しいです！

㊼ みんなで早口言葉

全員で一斉に早口言葉を言いましょう！

ねらい とききめ　口腔(こうくう)機能維持　声を出す

楽しみかた

① 3，4人でします。
② 全員で一斉に「なまむぎ・なまごめ・なまたまご」と，声を出して言います。
③ これを3回繰り返します。全員の声がそろったら大成功です！　そろわなくても（そろわないほうが）爆笑です！

みちお先生のケアポイント

・ほかに，東京(とうきょう)特許(とっきょ)許可(きょか)局(きょく)，赤巻紙(あかまきがみ)青巻紙(あおまきがみ)黄巻紙(きまきがみ)，などの早口言葉があります。むずかしいときは，3回ではなく，1回や2回に減らしてもオッケーです！

笑いのテクニック

・成功したら全員でハイタッチのマネをすると盛り上がります！

48 もしかめニッコリ

左右どちらかを向いて，目と目が合ったらニッコリ笑いましょう！

ねらいとききめ　首のストレッチ　声を出す

楽しみかた

① 3, 4人で円になります。全員で「うさぎとかめ」（♪もしもしかめよ～）を歌います。
② 「もしもしかめよかめさんよ～」の最後の「よ～」の部分で，左右のどちらかを向いて，隣の人と目が合ったら，ニッコリ笑います。
③ 「世界のうちでおまえほど～」「あゆみののろいものはない～」「どうしてそんなにのろいのか～」でも，同様にして繰り返します。

みちお先生のケアポイント

・手をたたきながら歌うと，リズム感がよくなります！

笑いのテクニック

・ニッコリ笑うときに，両手の人差し指をほっぺたにつけて笑うと盛り上がります！

㊾ わたしは誰でしょう

声だけで誰なのかを当てましょう！

ねらいとききめ 集中力アップ　記憶力維持

楽しみかた

① 3，4人でします。
② 支援者は後ろを向いて，目をとじます。
③ 「〇〇さん」と，誰かひとりが支援者の名前を呼んで，誰が呼んだのかを支援者は当てます。

みちお先生のケアポイント

・はじめに，一人ひとりの名前をしっかりと確認しておきましょう！

笑いのテクニック
・慣れてきたら，支援者とシニアが交代しても楽しいです！

50 しりとりパス

ビーチボールをパスするマネをしながら，しりとりをしましょう！

ねらい とききめ　反応力アップ

楽しみかた

① 3，4人で円になります。
② 誰かひとりが，しりとりの言葉を言って，ビーチボールをパスするマネをします。
③ 受け取った人は，ほかの誰かに同様にして繰り返します。

みちお先生のケアポイント

・むずかしいときは，しりとりなしで，ビーチボールをパスするマネだけをしてもオッケーです！（慣れてきたらしりとりパスに発展していきましょう）

笑いのテクニック

・徐々にテンポアップしていくと，より楽しくできます！

おわりに

間違えを笑いに変えたらこうなった

「できないからダメなのよ〜」

ある女性シニアが，ボクにそう言いました。

手先が思うように動かない。
ほかの人はできるのに，自分はできない。
できない自分が恥ずかしい。

それが理由で，体操も休みがちでした。

ところが，あることがきっかけで，体操に参加されるようになります。
そのあること，とは？

間違えを笑いに変える。
です。

片手で〇，反対の手で×を描きます。
これを同時にします。
すると，手が変な動きになります。
なかなか思い通りに手が動かないのです。

なんと，その女性シニア。
そのときに，笑ったのです。

これで気持ちが楽になったのか。
そのあとの表情もぐんと明るくなりました。

こんな瞬間が，最高にうれしい！

「間違えてもいい」
「できなくてもいい」
「とにかくやってみる」

そんなふうに感じてもらえたら，最高です。
それ以来，休まず体操に参加されるようになりました。

できていたことができなくなる。
年をとれば，誰しも同じです。
それを，どうとらえるか。

いけないと思ったり，自分はダメだと思ったり。
または，年だからしかたがないと思ったり，まっいいかと思ったり。
人それぞれ，感じ方は違うと思います。

ボクの立場からすると，シニアのパフォーマンスを下げたくありません。
できる限り，シニアの心身機能を，シニアの能力を引き出したい。

「間違えても大丈夫」

そのためには，やっぱり，この言葉です。

今，シニアに言っているこの言葉。
できていたことができなくなったときの自分にも言いたい，です。

楽しく体操するためにも。
楽しく生きるためにも。

　令和7年2月
　　　　　　　　　　　楽しい体操インストラクター　斎藤道雄

著者紹介

●斎藤道雄

体操講師，ムーヴメントクリエイター，体操アーティスト。

クオリティ・オブ・ライフ・ラボラトリー主宰。

自立から要介護シニアまでを対象とした体操支援のプロ・インストラクター。

体力，気力が低下しがちな要介護シニアにこそ，集団運動のプロ・インストラクターが必要と考え，運動の専門家を数多くの施設へ派遣。

「お年寄りのふだん見られない笑顔が見られて感動した」など，シニアご本人だけでなく，現場スタッフからも高い評価を得ている。

[お請けしている仕事]

○体操教師派遣（介護施設，幼稚園ほか）　○講演　○研修会　○人材育成　○執筆

[体操支援・おもな依頼先]

○養護老人ホーム長安寮

○有料老人ホーム敬老園（八千代台，東船橋，浜野）

○淑徳共生苑（特別養護老人ホーム，デイサービス）ほか

[講演・人材育成・おもな依頼先]

○世田谷区社会福祉事業団

○セントケア・ホールディングス（株）

○（株）オンアンドオン（リハビリ・デイたんぽぽ）ほか

[おもな著書]

○『シニアのドキドキ！　ハートマーク体操＆ゲーム 50』

○『シニアのみんなで大笑いできるゲーム＆体操 50』

○『シニアのズルして足腰＆おしりを鍛える体操 40　付・爆笑ビニールふうせん体操 10』

○『脳も体も一緒に元気になる幸せ体操 40　付・みんなが幸せになれるゲーム 10』

○『脳も体も一緒に元気になる長生き体操 40　付・タオル体操 10』

○『脳も体も一緒に元気になる健康体操 40　付・新聞棒体操 10』

○『思いっきり笑える！　シニアの足腰を強くする転ばない体操 40　付・ペットボトル体操 10』

○『思いっきり笑える！　シニアの笑顔ストレッチ＆体ほぐし体操 40　付・新聞紙体操 10』

（以上，黎明書房）ほか多数

[お問い合わせ]

ホームページ「みちお先生の体操指導 QOL ラボ」： http://qollab.online/

メール： qollab.saitoh@gmail.com

＊イラスト・さややん。

間違えても大丈夫！　爆笑体操＆ゲーム 50

2025 年 4 月 10 日　初版発行

著　者	斎　藤　道　雄
発　行　者	武　馬　久仁裕
印　　刷	藤原印刷株式会社
製　　本	協栄製本工業株式会社

発　行　所　　　　　株式会社　黎明書房

〒460-0002　名古屋市中区丸の内3-6-27　EBSビル　☎052-962-3045

FAX 052-951-9065　振替・00880-1-59001

〒101-0047　東京連絡所・千代田区内神田 1-12-12　美土代ビル 6 階

☎03-3268-3470

落丁本・乱丁本はお取替します。　　　　　　ISBN978-4-654-07734-2

© M. Saito 2025, Printed in Japan

シニアのドキドキ！
ハートマーク体操＆ゲーム 50

斎藤道雄著　　　　　B5・63頁　1720 円

指や手や体を使ってハートマークを作る体操で，シニアも支援者も思わずドキドキ！　それ以外にもドキドキする体操やゲームをたくさん収録。お家で一人でも楽しめます。2色刷。

シニアのみんなで大笑いできる
ゲーム＆体操 50

斎藤道雄著　　　　　B5・63頁　1720 円

「あっち向いてニッコリ」「あっぷっぷストレッチ」など，大笑いできるゲーム25種と大笑いできる体操25種紹介。施設でシニアとスタッフが一緒に大笑い！　お一人でも楽しくできます。2色刷。

シニアのズルして足腰＆おしりを鍛える
体操 40　付・爆笑ビニールふうせん体操 10

斎藤道雄著　　　　　B5・63頁　1720 円

「にらめっこ腹筋」「かかしのおしり」など，楽して転倒予防や尿漏れ防止をするかんたん体操です。支援者もシニアも楽して効率的に体操ができます。もちろん，お一人でも！　2色刷。

脳も体も一緒に元気になる幸せ体操 40
付・みんなが幸せになれるゲーム 10

斎藤道雄著　　　　　B5・63頁　1720 円

脳も体も一緒に健康！　できてもできなくても楽しい「なりきりロックバンド」などの体操40種と，勝ち負けにこだわらないみんなが幸せな気持ちになれるゲーム10種を紹介。2色刷。

脳も体も一緒に元気になる長生き体操 40
付・タオル体操 10

斎藤道雄著　　　　　B5・63頁　1720 円

運動不足解消と脳の活性化が同時にできる，思わず笑いが生まれる「数えてグーチョキパー」などの体操40種と，タオルを使った簡単で楽しい体操10種を紹介。2色刷。

脳も体も一緒に元気になる健康体操 40
付・新聞棒体操 10

斎藤道雄著　　　　　B5・63頁　1720 円

運動不足解消と脳トレが同時にできる40種の健康体操を収録。「だるまさんがころんだ」などの体操で，頭と体を楽しく動かしましょう！　新聞棒を使った簡単で楽しい10の体操も紹介。2色刷。

思いっきり笑える！　シニアの足腰を強くする
転ばない体操 40　付・ペットボトル体操 10

斎藤道雄著　　　　　B5・63頁　1720 円

足腰を強くし運動不足も解消する一挙両得の「つまずかない転ばない体操」で，シニアも支援者も笑顔に！　ペットボトルを使った簡単で盛り上がる体操も紹介。2色刷。

コピーして使えるボケ防止の楽楽クイズ＆パズル②
日本の名所・名物＆算数・漢字
＆判じ絵遊び 44

脳トレーニング研究会編　　B5・72頁　1780 円

日本中の名所や名物にちなんだパズルやクイズを多めに収録しました。その他，見分ける力や記憶力を高める遊び，漢字，算数クイズなどを満載。カラー8頁。

コピーして使えるボケ防止の楽楽クイズ＆パズル③
面白 47 都道府県クイズ＆算数・国語・
もの知りクイズで脳トレ

脳トレーニング研究会　　B5・72頁　1780 円

身近な都道府県にちなんだ面白問題や楽しい算数・国語などの脳トレ問題をたくさん集めました。飽きずに脳トレを楽しめるように，絵つなぎ，間違い探しなど，もりだくさんです。カラー8頁。

表示価格は本体価格です。別途消費税がかかります。

■ホームページでは，新刊案内など，小社刊行物の詳細な情報を提供しております。「総合目録」もダウンロードできます。
http://www.reimei-shobo.com/